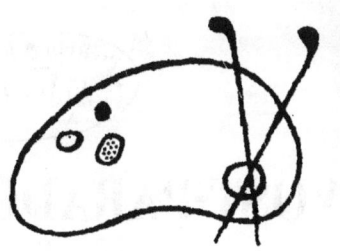

Début d'une série de documents en couleur

PRÉVOST-PARADOL

ÉTUDE

PAR

ROD. REUSS

―――

Extrait de la *Revue Chrétienne*

―

1894

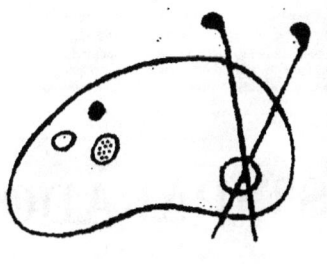

Fin d'une série de documents
en couleur

PRÉVOST-PARADOL

Au printemps de l'année 1862, un jeune étudiant français que le désir de connaître l'Allemagne d'alors, ses méthodes scientifiques et ses mœurs universitaires, avaient amené dans les vertes vallées de la Thuringe, habitait la petite ville d'Iéna. Chaque mardi matin il guettait avec une impatience toute particulière l'arrivée du vieux facteur boiteux qui lui remettait un journal de Paris, dont la lecture faisait ses délices ; l'étudiant c'était moi, le journal, *le Courrier du Dimanche*. J'emportais ces feuilles, doublement chères, parce qu'elles me venaient de la patrie et qu'elles me parlaient de liberté, sur quelqu'une des hauteurs voisines dominant la Saale, et là, paresseusement étendu sous un hêtre noueux ou quelque pin tordu par les âpres bises du nord, j'en dégustais les articles, graves ou gais, virulents ou moqueurs, qui montaient à l'assaut du système impérial, alors à l'apogée de sa puissance. Les *Lettres politiques* de Prévost-Paradol excitaient surtout un enthousiasme, qui ne datait pas d'hier, pour le brillant et courageux écrivain. Dès 1858, ses *Premiers-Paris*, au *Journal des Débats*, avaient été, pour ainsi dire, le manuel de mon éducation politique. On s'était plus particulièrement passionné dans mon entourage immédiat pour sa belle étude sur la *Liberté des cultes en France*. Plus tard, ses apostrophes à la jeunesse avaient enflammé nos imaginations juvéniles ; ceux d'entre nous qui, s'associant de loin au mouvement de réveil des Ecoles parisiennes, envoyaient en 1861 leurs premières effusions littéraires à *la Jeune France*, ne juraient que par lui. Sa photographie était dans tous nos albums et nous admirions cette tête élégante et fière, aux yeux pleins de feu, à la physionomie mobile, où se lisait un singulier mélange de grâce et de dédain. Avec quelle ferveur avons-nous souhaité plus tard lui voir forcer les portes du Corps législatif, rêvant en lui le champion le plus craint et le plus redouté des Bonaparte ! Et plus tard encore, quelle secousse pour nous et quel deuil moral quand nous arriva la nouvelle de la « grande apostasie » de notre héros, quand on ne put plus douter du pacte lamentable que l'ambitieux, las d'attendre son heure qui ne semblait pas devoir venir, avait conclu avec le pouvoir, qui n'avait plus que quelques heures à vivre ! Puis arrivait, non moins subite et plus foudroyante encore, la dépêche qui nous annonçait, d'au delà de l'Océan, le dénouement tragique de ce rêve ultime, et toutes les colères s'effaçaient dans un sentiment d'immense pitié pour l'infortuné qui, croyant s'être donné du moins à l'Empire pacifique et libéral, se voyait, dans un réveil de clairvoyance désespérée, le captif de l'Empire autoritaire en marche vers Sedan !

C'est à ce dernier sentiment que je suis resté obstinément fidèle, tant le nom de Prévost-Paradol et le souvenir de ses écrits sont intimement mêlés pour moi à quelques-uns des plus précieux moments de mon adolescence, à quelques-uns des élans les plus intenses et les plus sincères de ma vie intellectuelle et morale. Aussi lui conserverai-je jusqu'à la fin cette gratitude émue et respectueuse qu'on ressent pour les esprits supérieurs qui vous ont ouvert des horizons nouveaux et qui est la plus douce récompense, comme elle devrait être la suprême ambition des initiateurs de la jeunesse. C'est assez dire avec quelle joie j'ai naguère accueilli la nouvelle que le plus intime de ses amis, le psychologue si pénétrant, l'écrivain si délicat, auquel nous devions déjà la magistrale étude sur Edmond Scherer, allait nous donner un nouveau volume sur l'auteur de *la France nouvelle*. Je viens de terminer la lecture du livre de M. Gréard et je suis encore sous le charme de ces pages si sobres et si profondément senties, de ce jugement si net et si affectueux pourtant, de ces portraits si discrets et si vivants à la fois. J'admire comme il a su nous faire assister à la genèse et à l'épanouissement de l'écrivain, en ne nous montrant de l'homme privé que ce qu'il fallait pour le comprendre, et en se refusant, historien consciencieux, à dissimuler ses vanités et ses faiblesses, les voilant d'une main pieuse et d'une parole attendrie.

Par ce temps de révélations à outrance, où l'on ne laisse plus même aux grands hommes, morts ou vivants, la robe de chambre traditionnelle, mais où on les traîne tout nus sur la scène pour étaler devant le public indiscret et badaud leurs infirmités physiques et morales, c'est un vrai soulagement de pouvoir se reposer à la lecture d'une œuvre aussi distinguée et, s'il est permis de dire, d'aussi bonne compagnie que cette dernière étude de l'éminent académicien. Cela console de tant de dévergondages soi-disant littéraires, de tant d'étranges confessions sur soi-même et sur les autres que certains auteurs, acclamés du public, infligent au lecteur français qui ne veut plus être respecté.

On peut suivre en toute confiance un guide aussi sûr, aussi dévoué. Personne n'a connu, comme lui, Prévost-Paradol tout entier ; personne n'a reçu, plus que lui, autant que lui, les confidences du jeune homme et de l'homme mûr. M. Gréard a été le compagnon fidèle des bons et des mauvais jours, depuis les bancs de l'Ecole normale jusqu'aux dernières semaines de son existence agitée ; vivant, il l'a compris, encouragé, soutenu ; il raconte aujourd'hui ce cher mort, avec ses élans de confiance superbe en lui-même et ses abattements profonds, et, en le racontant, il le juge. Dans ce jugement, on sent la tendresse inaltérée de l'ami, mais aussi l'âme haute et sereine du sage qui cherche dans le passé des leçons pour le présent et voudrait retremper les âmes amollies et les volontés défaillantes pour les mettre à la hauteur des tâches de l'avenir.

Lucien-Anatole Prévost-Paradol naquit à Paris en 1829. Son enfance et son adolescence furent tristes. Actrice distinguée de la Comédie-Française, sa mère, qu'il adorait, se mourait lentement, minée par une maladie inexorable, et il resta, bien jeune encore, avec son père, ancien commandant du génie maritime, et une sœur qui survit seule aujourd'hui. Il suivit les cours du collège Bourbon, éloigné par une misanthropie précoce du commerce et des jeux de ses camarades d'étude. La réserve inquiète de son caractère tenait à distance ceux-là même que son talent eût attirés vers lui, et quelques esprits supérieurs étaient seuls admis à frayer avec cette intelligence brillante, de bonne heure en éveil. C'est ainsi que Taine et lui s'initiaient avec délices aux arcanes de la philosophie de Spinoza, bien différents en cela, j'imagine, de l'immense majorité des rhétoriciens d'alors et d'aujourd'hui. En 1849, Prévost-Paradol entrait comme élève à l'Ecole normale supérieure, armé déjà, dans sa vingtième année, de cette pensée lucide et de cette prose vibrante qui allaient faire de lui un maître. Il chercha d'abord sa voie dans des directions multiples, étudiant le corps humain dans les salles d'anatomie du Collège de France, étudiant l'âme humaine, autrement complexe, dans les romans de Balzac et dans les rêveries romanesques de Proudhon et de Fourier. Dès 1851 il abordait aussi la politique par une brochure anonyme, *Sur le choix d'un parti*. « Sollicité par toutes sortes de passions, épris de toutes les jouissances du monde et désireux d'en savourer l'ivresse, » il était tourmenté dès lors — il le fut toujours — de « l'impatience de vivre ». Puis vint le coup d'Etat du Deux-Décembre, contre lequel il protesta dans sa sphère modeste, et qui sembla briser un avenir que ses professeurs et ses amis s'accordaient à lui prédire glorieux. Sorti de l'Ecole, suffoqué par l'atmosphère étouffante que le nouveau régime faisait peser sur l'enseignement public et sur la pensée individuelle, Prévost-Paradol connut en ces années sombres, dont nos aînés nous ont souvent redit l'indicible tristesse, toutes les angoisses morales et toutes les misères matérielles que l'alliance étroite du trône et de l'autel infligeait à ceux qui ne pouvaient se taire et ne voulaient point s'asservir. Sans patrimoine et sans gagne-pain officiel, il dut chercher les ressources nécessaires pour vivre — et combien modestement ! — dans des leçons particulières et les concours académiques. Le jour où la bonne nouvelle vint le trouver dans sa pauvre chambrette de la rue du Cherche-Midi, que l'Académie française avait couronné son *Eloge de Bernardin de Saint-Pierre*, le

25 mai 1852, il écrivait à M. Gréard : « Es-tu en état de me faire dîner au Palais-Royal ? J'ai douze sous à moi... »

Mais les lauriers de l'Institut, s'ils sont glorieux, n'apportent point la fortune et les quelques billets que lui valut l'auteur de *Paul et Virginie* furent bientôt dépensés. Prévost-Paradol s'attela alors à une autre tâche, avec cette placide assurance de la jeunesse, qui ne doute de rien, parce qu'elle ignore encore tant de choses. Il signa avec la maison Hachette un contrat pour la livraison d'une *Histoire universelle*. Chaque matin, dès cinq heures, il s'asseyait, à la faible lueur d'une bougie, devant sa table encombrée de livres, et, les jambes enveloppées dans la couverture de son lit, faute de feu, il rédigeait, au courant de la plume, les chapitres de son premier, de son plus volumineux ouvrage. Ce ne pouvait être évidemment un travail scientifique et nous ne faisons pas tort à l'auteur en disant que ce n'était pas l'amour de la science qui le poussait à l'écrire. Il n'a jamais eu le goût de faire des recherches, a dit avec raison son biographe, et personne moins que lui n'eut la bosse spéciale de l'érudition. Aussi fléchissait-il par moment sous cet ingrat labeur, et si le mot avait été dès lors à la mode — la chose exista de tout temps — nous dirions qu'il était parfois terriblement pessimiste. Dans son journal intime, il écrivait, par exemple, ceci, à la date du 13 juin 1852 : « J'aborde ce monde avec des mouvements d'ambition, que j'entretiens de mon mieux, car ils sont ma vie, et avec un fonds d'indifférence qui prendra tôt ou tard le dessus. J'ai des amis dévoués, de bons camarades, un père excellent et, dit-on, un brillant avenir. Avec tout cela il n'est pas de jour où je n'éprouve plusieurs fois le désir d'être mort. L'extrême lassitude que je porte en tout ressemble à de la lâcheté. »

Mais après les moments de tristesse venaient des rayons d'espérance. Le jeune lauréat de l'Académie se voyait traité déjà comme un pair, comme un collègue futur par les plus grands noms de l'Institut, par les représentants attitrés de la pensée française; Guizot, Mignet, Villemain, Cousin, Jules Simon, Vacherot — j'en passe bien d'autres — saluaient en lui l'espoir d'une génération nouvelle et recevaient avec reconnaissance l'hommage de ses louanges délicates dans la *Revue de l'instruction publique*. Les salons littéraires l'accueillaient avec complaisance, la grande Revue, la *Revue* sans épithète, elle-même lui entr'ouvrait ses portes et, devant tant de parrains illustres, le sévère Buloz lui-même esquissait à l'adresse de l'heureux néophyte un engageant sourire.

Une autre consolation, plus intime, était venue à l'homme de lettres, vivant au jour le jour, et presque célèbre déjà dans le monde intellectuel de la capitale. Il avait rencontré sur son chemin une jeune et belle Suédoise, dont M. Gréard n'a même point prononcé le nom, et il avait fait, en secret d'abord, de cette Thérèse, anonyme pour nous, la compagne de son foyer. On aurait désiré, je l'avoue, quelques détails de plus sur cette idylle discrète, à peine effleurée par le biographe, et nous aurions bien voulu connaître, ou du moins entrevoir de plus près cette personnalité, sympathique d'instinct, qui ne fait que passer, mystérieuse, dans l'arrière-plan de cette étude.

Prévost-Paradol était déjà père de trois enfants quand ses « années d'apprentissage » prirent fin. De fidèles et d'influents amis surent intéresser en sa faveur le ministre de l'instruction publique, M. Hippolyte Fortoul. On lui promit une chaire de Faculté, sinon à Paris, du moins en province. Il se hâta de rédiger et de présenter ses deux thèses de docteur, une étude sur *Elisabeth et Henri IV*, « un thème latin » sur Jonathan Swift, le spirituel et méchant auteur de *Gulliver*. Il soutint brillamment en Sorbonne ces deux travaux, écrits de verve, après avoir parcouru « pendant plusieurs semaines » des dossiers de dépêches aux archives du ministère des affaires étrangères. Franchement, ce n'était pas trop pour se mettre au courant de la diplomatie d'Henri IV; aussi la juste célébrité du nom de l'auteur ne préservera pas, n'a point préservé ces pages de l'oubli. Le nouveau docteur ès-lettres quittait Paris en décembre 1855, avec sa petite famille, pour aller suppléer précisément M. Fortoul, dans sa chaire d'Aix, en Provence. Loin de s'en réjouir, il était passablement mélancolique à l'idée d'échanger les ombrages du Luxembourg pour le cours Mirabeau et d'expliquer les beautés de la littérature française aux descendants des troubadours. Il alla s'établir à la campagne, dans une demeure rustique, dominant la vallée de l'Arc, et tâcha d'y vivre, heureux et tranquille, entre ses fleurs, ses poules et ses enfants, préparant son cours, rédigeant l'*Eloge de Vauvenargues*, et s'appliquant à réaliser les beaux préceptes dont sont semées les pages d'un autre mémoire, soumis avant de partir au jugement de l'Institut : *Du rôle de la famille dans l'éducation*.

Cependant — et dès le premier jour de son passage à Aix — il lui manqua je ne sais quoi, nécessaire à son assiette morale, comme l'air respirable et la lumière du soleil ; pour employer ses propres expressions, il ne se sentait vivre qu'à demi. Il est bien curieux de constater combien les représentants les plus brillants de l'Ecole normale d'alors ont subi la nostalgie du boulevard. J.-J. Weiss, lui aussi, manqua périr d'ennui, un peu plus tard, en province. L'étude passionnée, approfondie, absorbante, d'un sujet, le grand calme tout autour de soi, si nécessaire à l'étude, ne semblent point attirer, ne disent rien à ces esprits éminents, représentants attitrés pourtant et naturels des hautes études. Dans d'autres pays on voit souvent des savants de premier ordre passer leur vie tout entière dans une modeste bourgade de cinq à dix mille âmes, contents de leur sort, infatigables au travail, et n'ayant besoin ni du bruit ni des échos de la capitale, pour se sentir heureux et pour se rendre utiles. Il fallait — nous ne dirons plus il faut — aux nôtres la vie fiévreuse de Paris et ses émotions troublantes ; c'est de ses cahots seuls que se dégageait pour eux une électricité vitale suffisante ; ils avaient besoin d'un auditoire de surchoix pour réussir leur feu d'artifice, et si le travail scientifique en lui-même ne leur dit pas grand'chose, la douce solitude des champs et le calme des rues les exaspèrent. Ce n'était pas à Prévost-Paradol, en tout cas, que la joie intime de *savoir* aurait jamais fait passer l'impatience de se lancer dans « la grande aventure de la vie », et cependant il avait écrit déjà cette parole profonde : « La vanité est une fanfare qui chante les victoires de notre folle et incurable ambition. »

Et cependant il aurait pu se trouver satisfait; son cours, commencé en janvier 1856, lui avait valu de rapides succès. Au bout de dix mois, il y comptait cent soixante-dix-huit auditeurs des deux sexes, et les applaudissements qui terminaient ses leçons étaient justifiés par les efforts du jeune maître. Ce cours, en effet, était en substance le beau volume sur les *Moralistes français*, la plus parfaite des œuvres du penseur et de l'écrivain, celle qu'on relira toujours, quand les allusions de ses écrits politiques ne seront plus comprises, et qu'on voudra le connaître dans la spirituelle et merveilleuse souplesse de son talent. Mais il n'avait « pas encore franchi le premier semestre qu'il était énervé du huis-clos de province », qu'il réclame de l'air et de la lumière (sous le ciel de Provence!), qu'il veut marcher sur Paris. Ce n'est pas lui qui soupirera jamais après les frais vallons de l'Hémus et leur ombre opaque; il demande au sort qu'il le rejette dans la fournaise du

... Volcan fumeux et toujours en haleine,

dans ce Paris, « le vrai théâtre de la pensée et des passions » !

Il n'eut pas à attendre longtemps ; un an ne s'était pas écoulé de son « exil » à Aix, quand M. de Sacy lui fit offrir une place au *Journal des Débats*. Vous pensez s'il tarda d'accourir. Le voici donc, à vingt-sept ans, sur son véritable terrain, dans ce domaine de la presse politique, dans lequel il allait dominer bientôt sans conteste, nouveau Paul-Louis Courier, plus abondant et plus fougueux. Il allait s'y montrer tour à tour le narrateur concis et lucide, l'observateur sagace, le penseur profond, le rhéteur habile, et surtout le polémiste merveilleux qui n'a point connu de rival, même dans le pays d'Armand Carrel, de John Lemoinne et du Rochefort des premières *Lanternes*. Prévost-Paradol était là dans son élément, bien plus que dans une chaire académique, même à la Sorbonne. Ainsi que M. Gréard l'a si bien dit, il se reposait volontiers sous le toit hospitalier des lettres, il ne s'y est jamais fixé, et de l'éloquence universitaire il ne lui resta bientôt qu'une certaine ampleur dans les développements, des entrées en matière un peu solennelles, une préférence marquée pour les considérations générales, qualités ou défauts dont il se rendait nettement compte, d'ailleurs. « Je sens bien, écrivait-il un peu plus tard, le vieil homme, académicien et pompeux, reparaître parfois, mais il suffit que la passion s'éveille pour le chasser. »

Cette passion, le gouvernement du Deux-Décembre se chargea de la tenir en éveil, et s'il est vrai que l'indignation fait les grands poètes, c'est pareillement aux ministres de Napoléon III et à leur maître que nous sommes redevables de la prose étincelante des *Pages d'histoire contemporaine*. Prévost-Paradol fut de cette brillante phalange d'opposition, modérée mais tenace, qui fit alors des *Débats*, dans le grand silence universel, comme un dernier refuge des esprits indépendants et libres. Sans invectives grossières et sans pathos suranné, avec une urbanité parfaite des formes extérieures, il sut dire à mi-voix ce qu'il pensait des hommes et des institutions imposés au pays; il eut toutes les audaces compatibles avec le régime de fer qui comprimait alors la pensée, et sut utiliser jusqu'aux entraves qui l'arrêtaient à chaque pas, pour rendre la lutte plus âpre au fond et plus meurtrière. Merveilleusement secondé par le public, qui saluait au passage les plus légères allusions, les sarcasmes les plus affilés de sa prose étincelante et joyeuse, il lutta bientôt au premier rang, dans la grande et légitime coalition des anciens et des nouveaux partis. Ce fut pour la jeunesse d'alors, enchaînée et réduite à l'impuissance, une consolation divine, d'assister à cette lutte et de voir les traits acérés de son champion favori, chargés d'un poison subtil, s'enfoncer dans la lourde et impuissante armure des officieux qui veillaient au salut de l'Empire.

Prévost-Paradol s'exerça d'abord à la rédaction du *Premier-Paris;* en ce temps, il fallait faire d'abord sa veillée d'armes dans le vestibule des *Débats* avant de pouvoir s'y loger à la troisième page. Avec quelle clarté, quelle concision, il rédigeait ces aperçus sommaires de la politique du jour, avec quelle rapidité lumineuse et sûre il savait faire ressortir le point culminant de la situation quotidienne! Quand le consciencieux Alloury, avec lequel il alternait dans cette tâche, forcément ingrate, tenait la plume, les *Débats* sommeillaient doucement sur leur tringle de fer, au cercle d'étudiants où nous faisions alors nos premières études politiques; mais quand le nom de Prévost-Paradol reparaissait au bas de la première colonne, on s'arrachait le journal pour le déguster un quart d'heure plus tôt. Notre journaliste avait conscience du pouvoir de sa plume, il en jouissait avec une satisfaction profonde. Chose curieuse, il en avait joui en théorie, longtemps avant de pouvoir l'éprouver dans la pratique! C'est en 1853 déjà qu'il écrivait cette analyse pénétrante et presque cruelle de ses triomphes futurs : « Quelle volupté de compter et de peser ses mots, d'enfoncer délicatement l'aiguille, d'ajuster à coups posés! Vive l'oppression, pour donner toutes ses ressources et tout son prix à la pensée, pour nous instruire... aux nuances savantes, au mépris laconique et acéré! Que le silence général est favorable! Les braillards se taisent... plus de chanteurs de rue, place aux artistes! Que je voudrais en être, pour mon plaisir, encore plus que pour l'honneur! »

Cependant les temps étaient devenus un peu meilleurs. Etant parti en guerre pour affranchir l'Italie, le gouvernement impérial dut se résoudre à l'affranchissement, partiel tout au moins, des Français et desserrer le frein qui maintenait la torpeur générale, en arrêtant la circulation de la pensée. Quelques organes nouveaux de la presse purent être fondés et, parmi eux, *le Courrier du Dimanche*, représentant de l'orléanisme libéral. Sa rédaction brillante, inspirée par M. d'Haussonville, comptait dans ses rangs les J.-J. Weiss, les Hervé et bien d'autres noms promis dès lors au succès. On y était plus libre qu'aux *Débats*, où M. de Sacy s'apprêtait à devenir sénateur; on y combattait à côté des républicains d'origine, aux avant-postes de la coalition libérale, recevant et rendant les coups sans merci. On y avait fait, pour ainsi dire, le sacrifice de l'existence; on n'aspirait qu'à une seule chose : ne pas mourir, comme l'avait dit le poète,

... Sans vider *son* carquois,
Sans percer, sans fouler, sans pétrir dans la fange...
Ces tyrans effrontés de la France asservie...

L'odeur de la poudre et le bruit de la bataille devaient entraîner Prévost-Paradol du côté de la feuille nouvelle ; sans faire tort aux confrères distingués qu'il y trouva, l'on peut bien affirmer que ce fut lui qui fit le succès du journal, comme il réussit, plus tard, à le faire tuer sous lui. C'est là surtout qu'il déploya cette maîtrise suprême dans l'ironie, « ce dernier asile, cette dernière dignité du faible et de l'opprimé, l'indomptable et insaisissable ironie qui dissout peu à peu les dominations les plus superbes », déesse vengeresse, aux autels de laquelle se sont réfugiées tant d'âmes autour de nous, misérables victimes et rançon suprême des hontes de l'Empire. Les générations actuelles, nées au milieu des bruits du Forum, élevées parmi les clameurs de la démagogie triomphante, ne savent plus combien dure a été l'existence de leurs aînés, et ce que furent ces jours malheureux (revus depuis par plusieurs, en d'autres temps et sous d'autres régimes) où « le sourire de l'honnête homme est la seule voix laissée à la conscience publique ». Si l'on veut connaître le second Empire, si l'on veut savoir ce qu'a souffert l'ardente jeunesse qui s'étiolait alors à l'ombre malsaine d'un despotisme capricieux et perdant confiance en lui-même, il faut relire, avant tout, ces lettres de la quinzaine, ces *Pages d'histoire contemporaine*, saluées avec un enthousiasme vibrant par tout ce qu'il y avait alors en France de cœurs chauds et d'âmes ouvertes aux grands devoirs et aux aspirations viriles. Le jour où Prévost-Paradol publia son dernier article, le plus virulent qu'il ait écrit peut-être, celui qui fit supprimer *le Courrier du Dimanche* — il y comparait la France à une noble dame, malheureuse et déchue, violentée par un palefrenier brutal et vulgaire — si la jeunesse française avait eu à déléguer à quelqu'un le mandat de la représenter devant le pays, c'est à lui, certainement, que serait allée la presque totalité des suffrages.

Il ne s'absorbait pas cependant tout entier dans la politique. Il continuait à donner aux *Débats* de nombreux essais de littérature et d'histoire, réunis plus tard en volumes. Il y revenait avec prédilection aux problèmes de morale et de philosophie, car il était trop fin connaisseur du cœur humain pour ne pas savoir que toutes les chartes libérales, tous les principes les plus impeccables, formulés en lois et en décrets, ne sont rien et ne peuvent rien, si la force morale de la nation est atteinte. Il se rendait compte que, par le choc incessant des révolutions brutales et des réactions triomphantes, cette force morale avait subi parmi nous de profondes atteintes. Sans éprouver pour lui-même le besoin bien intense d'une foi religieuse, il se rendait nettement compte pourtant du déficit immense causé par le scepticisme et le matérialisme croissant des masses, et, tout en combattant sans ambages les prétentions de l'Eglise et ses usurpations hautaines, il ne s'est jamais associé aux bruyantes campagnes anticléricales de *l'Opinion nationale* ou du *Siècle;* il n'aimait pas les jésuites, mais il aimait moins encore M. Homais.

Un instant on put croire que ses préférences le portaient vers le protestantisme, qu'il connaissait pour avoir réédité l'un des écrits de Samuel Vincent, et dans lequel il trouvait, au dire de son biographe, « l'accord des principes politiques et des principes religieux, la supériorité morale des libres pratiques du gouvernement de soi-même, qui accoutument les âmes à l'indépendance et les façonnent à la dignité ». Mais les soucis politiques et les influences mondaines, de son monde surtout, où les Falloux et les Dupanloup se rencontraient avec les plus beaux noms de l'aristocratie française et les représentants attitrés de la libre pensée, l'empêchèrent sans doute jamais d'approfondir davantage ce grand et redoutable problème de la vie intérieure de chacun de nous. Peut-être aurait-il appris, en le creusant davantage, que ce ne sont pas les nations seules qui périssent en perdant une foi, mais que les individus aussi, les meilleurs comme les pires, s'en vont lamentablement à la dérive quand il n'y a plus pour eux une indiscutable loi morale. Le seul sentiment de l'honneur, quelque précieux qu'il puisse être, à défaut d'appui plus solide, est un bien fragile garde-fou pour qui côtoie l'abîme.

Mais aucun sombre pronostic ne venait troubler encore, à ce moment, l'horizon du brillant écrivain. Tout semblait lui sourire, et il ne restait indifférent ni étranger à aucune des séductions de la vie de Paris. Il régnait également dans les bureaux des journaux et dans les premiers salons de la capitale, où les Nestors des anciens partis le choyaient comme prince de la jeunesse et comme héritier de leur pensée, où la grâce et la beauté se disputaient ses fins sourires, et se pressaient autour de lui pour ne perdre aucun des sarcasmes spirituels dont il criblait le sphinx des Tuileries. Il avait à peine trente-quatre ans, quand les portes de l'Académie française s'ouvraient, pour ainsi dire, d'elles-mêmes, devant ce journaliste, sur le nom duquel se réunissaient — chose inouïe ! — les suffrages de Thiers et de Guizot, de Rémusat et de Falloux, de Sainte-Beuve et de l'évêque Dupanloup. Il légitima ce patronage et fut une fois de plus le héros du « tout Paris » intellectuel, en protestant avec éloquence, dans son discours de réception (mai 1866), contre la théorie des hommes providentiels que venait de formuler Napoléon III. Aussi, lorsque, quelques jours plus tard, d'antiques et absurdes règlements amenèrent la présentation obligée du nouvel immortel au chef de l'Etat, l'entrevue du jeune académicien et de l'historien de *Jules-César* fut aussi brève qu'embarrassée des deux parts. Pourquoi n'est-elle pas restée la dernière ?

Des fées bienfaisantes avaient répandu jadis leurs dons merveilleux sur le berceau du nouveau-né. Une seule, semble-t-il, oublia de paraître ou ne fut point invitée ; c'était dame Patience. Le malheur de Prévost-Paradol fut de ne point savoir attendre, et cependant sans patience ni persévérance on ne sera jamais un homme complet ni surtout un homme d'Etat. Gâté par la fortune ou cédant peut-être aux influences d'hérédités mystérieuses, il se lassa d'être le premier journaliste de France et le plus fêté des écrivains, le favori d'une société d'élite, indulgente à toutes ses faiblesses. Il voulut être autre chose, sinon davantage. Il lui semblait — et en cela du moins il avait raison — qu'un homme politique, ou aspirant à le devenir, ne devait pas se borner à débiter des maximes de gouvernement à l'usage des abonnés de sa feuille, mais entrer lui-même dans la vie pratique et réclamer sa part d'influence sur la marche des affaires, à la tribune nationale. Ce but permis d'une ambition légitime, il avait tenté déjà, il voulut tenter encore de l'atteindre. Dès 1863 il avait été porté comme candidat au Corps législatif, au quartier Latin, et la voix déjà puissante de Gambetta s'y était élevée en sa faveur. Les jeunes gens des Ecoles étaient presque tous pour lui, mais les épiciers anticléricaux et les ouvriers votèrent en masse pour M. Guéroult, de *l'Opinion nationale ;* les catholiques préférèrent M. Cochin, l'Empire eut son candidat officiel et des quatre concurrents Prévost-Paradol fut encore celui qui eut le moins de suffrages. Il faut bien dire aussi que la distinction aristocratique de sa personne et de sa parole le rendaient peu propre à toutes ces rudes luttes préparatoires dans les réunions privées et publiques. Il n'avait ni la voix ni le geste du tribun moderne, et — ce qui l'honore, mais ce qui suffirait seul à expliquer de plus nombreux échecs — il ne pouvait se décider à prodiguer ces phrases ampoulées et sonores qui font les délices de l'homme à demi-cultivé, ni ces promesses banales et coupables qui ne coûtent rien aux démagogues professionnels et s'oublient le lendemain même du scrutin.

Cependant il ne se découragea pas tout d'abord ; il fut candidat à Périgueux et plus tard à Nantes, en 1869. Il venait de publier alors cet admirable livre de *la France nouvelle,* le testament d'un penseur et d'un patriote, et pouvait espérer que le gros du parti libéral se rallierait sur son nom. Il n'en fut rien ; les ouvriers et les paysans n'avaient jamais lu les *Débats* ni *le Courrier du Dimanche ;* pour les uns il était un réactionnaire, pour les autres un ennemi de M. le préfet, et quand les urnes eurent dit leur secret il fallut bien se résigner à un nouvel, à un écrasant échec. En 1869 comme en 1863, à Nantes comme à Paris, Prévost-Paradol se voyait donc rejeté par le suffrage universel, et sans espoir de revanche, car sur trente mille votants il n'avait pas recueilli deux mille voix, écrasé entre le candidat officiel et le candidat de la Marianne, comme on disait alors. Décidément la démocratie athénienne, rêvée dès lors et jusqu'à ce jour par quelques esprits délicats, naïfs et subtils, n'était pas encore implantée sur le sol de la France ; le suffrage universel s'y tenait — et s'y tiendra longtemps encore — aux couleurs les plus tranchées et aux antithèses les plus brutales. L'échec personnel se compliqua d'une tristesse plus généreuse et plus générale. N'y aurait-il donc nulle part une circonscription qui le ferait naître à la vie publique ? Les doctrines de la liberté modérée, du vrai régime parlementaire, ne trouveraient-elles désormais plus d'écho dans les masses ? Allait-il être réduit à « répéter indéfiniment le même article devant cinq cents badauds », à tourner indéfiniment les mêmes épigrammes, dans les mêmes salons, devant les mêmes débris de tous les régimes déchus ?

Une indicible lassitude morale s'empara de ce champion, si vaillant encore la veille de la défaite. Il avait de ces affaissements morbides, si intenses et si prolongés, qu'ils font douter parfois si réellement Prévost-Paradol était, comme il s'imaginait l'être, un homme né pour l'action, un véritable « conducteur des foules ». Ceux-là n'ont pas d'ordinaire la désespérance si facile ; ils ne se lamentent pas, ils ont foi dans leur étoile ; plutôt que de s'avouer vaincus, ils se feront tuer, comme le disait un jour Guillaume d'Orange, avec leur dernier soldat au revers du dernier fossé. C'est dans cet état de prostration psychique, dans cet écœurement général et vague de toutes choses, que le trouva le décret du 2 janvier 1870, inaugurant le soi-disant Empire libéral. Le gouvernement du coup d'Etat, amnistié jadis par le succès, remis en question depuis par ses fautes et son impéritie, tâchait de recruter à ce moment un équipage nouveau pour essayer de continuer la manœuvre sur un navire désemparé, qui déjà faisait eau de toutes parts. Quelle recrue plus brillante pouvait rêver le ministère Ollivier que le fougueux rédacteur du feu *Courrier du Dimanche*, mais aussi quelle conquête moins vraisemblable ! Un jour, dans la noble ardeur de ses vingt-deux ans, Prévost-Paradol avait écrit cette belle page : « Jamais, monsieur, un personnage qui a trahi son serment et surpris un peuple par ruse, ne sera légitimé. Jamais, entendez-vous, quand il arracherait à un nombre infini de lâches ou d'idiots la plus éclatante et, au fond, la plus puérile adhésion. Quelle est cette tourbe imbécile à qui tu accordes de réformer le jugement évident de ta conscience et le pouvoir d'effacer une indélébile souillure ? L'illégitime devenant légitime... que veut dire cette monstrueuse alliance ? » Il ne concevait pas qu'on pût seulement se mettre en contact avec « cette mince, très mince poignée de condottières et de banqueroutiers » qui s'étaient emparés par la fraude et le mensonge des destinées d'un grand peuple et avaient livré la France « décapitée de ses grands hommes et destituée de ses honnêtes gens, sans ressource à l'idiotisme des basses classes et à la fourberie de quelques intrigants ».

Quand on s'est lié, vis-à-vis de sa conscience, par des jugements aussi sévères, on n'a pas le droit, on ne devrait pas avoir le courage de les renier au grand jour. On se doit à soi-même, on doit aux autres, aux jeunes, aux vacillants, aux faibles, dont on a mérité et obtenu l'admiration naïve et sincère, de ne pas faire une pareille faillite morale. Ah ! pourquoi Prévost-Paradol n'a-t-il pas eu la force de volonté nécessaire pour dominer, pour modérer, pour faire patienter au moins ses ambitions passionnées, mais légitimes ! Un avenir prochain se serait chargé de les satisfaire. D'autres sans doute ont fait comme lui, beaucoup d'autres, je le sais, et ce n'est pas un de nos moins amers souvenirs de nous remémorer ces premiers mois de l'année terrible, où les plus vieux et les plus dignes, les plus connus et les plus aimés parmi ceux que nous appelions volontiers nos maîtres, les Guizot et les Odilon-Barrot, les Laboulaye et les Saint-René-Taillandier, les J.-J. Weiss et tant d'autres, venaient apporter l'appui bénévole de leurs conseils et de leur nom à l'Empire aux abois.

Mais ce sont là de ces situations où la complicité morale de qui que ce soit ne saurait être invoquée comme une excuse. Chacun de nous est tenu d'écouter au fond de sa conscience l'impératif catégorique du devoir, et de régler sa conduite sur cette voix austère, sans transiger avec soi-même,

> Sans chercher à savoir, et sans considérer
> Si quelqu'un a plié qu'on aurait cru plus ferme,
> Et si plusieurs s'en vont qui devraient demeurer.

Quoi qu'il en soit d'ailleurs des motifs de cette chute, elle s'accomplit. Appelé d'abord à siéger dans ces commissions consultatives qui devaient préparer l'évolution *libérale*, il y fut lentement mais sûrement enlacé ; quelques avances flatteuses, aidées par ses propres ambitions, eurent raison de ses hésitations et de ses derniers scrupules. Loin de moi l'intention d'attribuer à des motifs bassement intéressés, à des calculs exclusivement personnels, cette conversion si douloureuse pour ceux qui l'aimaient. M. Gréard a mille fois raison de rappeler en cette occurrence le mot bref et juste d'Edmond Scherer : « Sa nature entière répugnait à la bassesse. » Si Prévost-Paradol n'avait été qu'un de ces vulgaires transfuges, comme tous les régimes en ont connus, un de ces exploiteurs égoïstes dont on oublie le nom et qu'on efface de sa mémoire, jamais je n'aurais pu écrire ces pages, puisque jamais M. Gréard ne lui aurait consacré son beau livre. Mais je n'avais pas besoin du plaidoyer chaleureux de l'ami fidèle pour évoquer moi-même les raisons spécieuses et subjectivement sincères que le brillant écrivain a dû se donner à lui-même en entrant, d'un pas mal assuré, dans la voie funeste : ramener la France à la pratique loyale de la liberté ; faire entendre dans l'enceinte législative des accents plus calmes, et non moins fermes, que ceux des *irréconciliables ;* épargner à son pays les épreuves terribles et les frais ruineux d'une révolution nouvelle. Ses instincts chevaleresques étaient flattés sans doute de tendre une main secourable aux hommes qu'il avait criblés de ses traits les plus acérés ; il se berçait d'illusions plus extraordinaires encore, si nous en croyons M. Maxime Du Camp. Il rêvait de devenir — sans doute à force d'éloquence et de sagesse — « le maître du maître des Tuileries », et de diriger d'une main désormais plus ferme la politique sénile et contradictoire du conspirateur de Boulogne et de Strasbourg !

Il avait fait ses conditions d'ailleurs et se croyait certain qu'on les respecterait dans l'avenir. En acceptant d'aller comme ambassadeur d'un pouvoir, démocratique en apparence, auprès d'une république, il se réservait pour le lendemain, il évitait de se compromettre avant l'heure dans la cuisine électorale malpropre qui, sous une étiquette nouvelle, se continuait toujours d'après les recettes des Persigny et des Rouher. Beaucoup l'approuvèrent, plusieurs l'imitèrent et crurent lui faire honneur en l'appelant fort habile. Mais pour beaucoup aussi ce fut une tristesse profonde quand les bruits de presse se confirmèrent et qu'on apprit, à n'en plus pouvoir douter, que Prévost-Paradol allait à Washington comme représentant attitré de ce même Napoléon qu'il avait flétri naguère comme le violateur de la patrie. Quoi, cet homme qui, dans une de ses pages les plus brûlantes, nous avait autrefois parlé de Tacite, conjurant la jeunesse française de ne pas sacrifier son idéal de liberté, de morale et de dignité aux appâts de la vie vulgaire et facile, de résister aux leurres de la tyrannie, lui aussi se rangeait, pour en finir, du côté de Tibère ! Nous nous croyions si sûrs de lui, nous lui prêtions une confiance si hautaine dans le triomphe prochain de notre cause, nous aurions juré, pauvres naïfs, qu'il était toujours prêt à s'écrier avec le poète :

Et s'il n'en reste qu'un, je serai celui-là !

Quelle chute pour notre idole ! Quelle dure et malsaine leçon pour nous ! Car c'est là ce qu'il y a de plus terrible dans ces catastrophes ; elles sont de lamentables écoles d'immoralité publique. Quand ceux auxquels elle a cru succombent de la sorte, la jeunesse s'afflige d'abord et s'exaspère de la perte d'un idéal chéri, puis elle se prend à douter elle-même. On se promet de ne plus être la dupe de personne ; un scepticisme absolu s'insinue dans les âmes, et pour beaucoup la banqueroute d'un honnête homme devient la banqueroute même de la vertu.

A travers le bruit des éloges intéressés des uns et des félicitations banales des autres, Prévost-Paradol put entendre l'écho de ces plaintes sincères et de récriminations violemment injustes et souvent brutales. Il lui fut pénible à coup sûr, quoiqu'il affectât de traiter ces voix avec dédain : « Vous êtes ému, disait-il à l'un de ses amis de Provence, plus qu'il ne faut, des niaiseries qui se disent ou s'écrivent contre moi. Ceux qui crient le plus fort comprendront mieux un jour. » Un quart de siècle s'est écoulé depuis ; nous n'avons toujours pas compris, et le problème psychologique de cette conversion douloureuse reste pour nous tout entier.

Car, à côté du problème moral que nous expose M. Gréard et sur lequel nous venons de dire notre façon de penser, il y a, qu'on veuille bien ne pas l'oublier, une seconde question qu'il n'a point expliquée et qui nous paraît absolument inexplicable. Comment se fait-il que Prévost-Paradol, cet esprit si clairvoyant et si lucide, n'ait pas saisi, tout autour de lui, les signes des temps qui annonçaient, même aux plus aveugles, que le moment des catastrophes intérieures approchait ? Je veux bien qu'il n'ait pu pressentir l'écrasement du dehors, quoique d'autres en aient eu pourtant à ce moment la vision poignante et la douleur aiguë. Mais comment lui qui, depuis treize ans, penché sur le lit de la France malade, étudiait les symptômes de son mal et tâtait chaque jour le pouls à l'opinion publique, comment n'a-t-il point deviné le verdict final de la démocratie française sur le Deux-Décembre, depuis le jour surtout où l'ombre sanglante de Baudin, évoquée par le plus puissant tribun des temps modernes, se dressa dans l'enceinte même d'une justice défaillante et servile ? Comment n'a-t-il pas vu, comme Edgar Quinet, « les spectres apparaître sous la tente de Richard III, annonçant la dernière scène », et ne s'est-il point dit, comme l'exilé de Veytaux l'écrivait à M. Jules Steeg, en pleine illusion de paix, dix jours avant la déclaration de guerre : « Oui, c'est là le commencement de la fin ! »

C'est en vain que je cherche une explication rationnelle à ce phénomène psychologique si bizarre dans une intelligence aussi supérieure. Je n'y trouve point de réponse, si ce n'est l'antique et banal adage qu'un incurable aveuglement vient frapper tous ceux que le Destin a marqués pour ses victimes.

Si la faute avait été lourde, l'expiation fut terrible, et d'autant plus terrible qu'elle fut immédiate. Rarement, dans les tragédies de ce monde, la catastrophe a suivi d'une façon si soudaine la défaillance du héros. Le 12 juin 1870, Prévost-Paradol avait été nommé ambassadeur à Washington ; le 30 juin, il s'embarquait à Brest, et, la veille encore, le *Journal officiel* avait annoncé que jamais, sur notre vieux continent, la paix n'avait été mieux affermie. Après quelques jours seulement de traversée, il aborde aux Etats-Unis, et voici, déjà le télégraphe l'avait devancé, apportant au Nouveau-Monde les premières rumeurs de la guerre prochaine. Il se voit seul, sans ami, sans appui, sous un ciel étouffant, dans ce palais banal de la légation de France, où il ne séjournera que quelques heures, les dernières de sa vie. Sa clairvoyance d'autrefois revient tout entière, trop entière, hélas ! à ce voyageur fatigué, déjà saisi de la nostalgie du pays natal. Il plonge son regard effaré dans cet avenir que, hier encore, il parait de si riantes couleurs, et ce qu'il entrevoit le fait frémir. Le pressentiment angoissant le saisit que l'Empire ne survivra pas à cette dernière équipée, qu'il tombera d'une façon honteuse et dans le sang, comme il était né dans le sang et dans la boue, renié par les siens, chargé des malédictions de la France, écrasant dans sa chute tous les imprudents et tous les ambitieux qui s'étaient ralliés à son drapeau. Il voit sa carrière brisée, son avenir politique anéanti à jamais, faute de trois mois, de trois courts mois de patience. Il voit surtout cette patrie, si passionnément aimée, à la veille de catastrophes épouvantables, dont lui-même avait signalé naguère le péril, et, pour échapper à la torture de cette vision, trop véridique, il ne trouve dans son âme qu'une issue possible, la mort. Il oublie tout le reste, ses enfants, ses amis et ses devoirs officiels, il concentre ce qui lui reste d'énergie sur lui-même ; il descend au fond de sa conscience, illuminée par un éclair vengeur, il se juge et se condamne, comme ayant forfait, non pas à l'honneur, mais au devoir. Puis, il va se placer devant une glace, pour être bien sûr de ne pas se manquer, et se tire le coup de pistolet fatal qui apaise enfin les battements tumultueux de ce pauvre cœur enfiévré. Il expie par une mort volontaire le crime involontaire d'avoir pactisé, lui, le champion du principe de liberté, avec l'homme des expédients et de la violence brutale. « Si cette vie doit être courte, écrivait-il au beau temps de sa jeunesse, au moins devrait-elle doucement finir. » Elle fut courte, la sienne, en effet, mais, hélas ! quelle fin cruelle ! Et quelle terrible et salutaire leçon pour tous ceux dont l'ambition, même légitime, essayerait d'étouffer en une heure néfaste la voix de la conscience et de l'obligation morale !

M. Gréard s'est demandé, en terminant son attachante et poignante étude, ce que serait devenu son ami si cette balle de revolver n'avait point tranché cette existence, si belle jusque-là, malgré les déboires inévitables de toute vie humaine. Son amitié délicate et son esprit ingénieux se sont efforcés, pour ainsi dire, de soulever un instant le linceul du mort, pour reconstituer sa carrière future au lendemain de nos épreuves et de nos désastres. Il aime à se l'imaginer entrant à l'Assemblée nationale sous le patronage de M. Thiers, exerçant son influence grandissante dans les commissions et à la tribune, et, soit à la Chambre des députés, soit plutôt au Sénat, associant ses efforts à ceux de Jules Ferry et de Gambetta pour créer la République parlementaire. Il le voit travaillant à rallier les esprits généreux et franchement ouverts aux espérances d'une société nouvelle, autour du gouvernement national, nous donnant encore quelques-unes de ces pages magistrales sur la philosophie et sur l'histoire qui resteront parmi les plus beaux morceaux de la littérature française et de la pensée moderne.

Ce rêve est beau ; mais, même sans le dénouement tragique de Washington, ne serait-il pas resté pourtant un rêve ? La démocratie ombrageuse accueille volontiers les grands noms des anciens partis qui viennent à elle en chantant ses louanges ; elle est, on le sait trop, d'une sévérité outrageante et sans merci pour tous ceux qu'elle appelle des transfuges. Il n'est pas sûr que Prévost-Paradol se fût relevé jamais de l'ostracisme instinctif de la foule, que sa nature aristocratique provoquait, pour ainsi dire, comme le paratonnerre appelle la foudre. La mort a peut-être été pour lui, en définitive, un suprême et dernier bonheur. On peut se le figurer aussi repoussé, une fois de plus, par le suffrage universel, sa voix claire et mordante, mais forcément acquise aux tendances modérées et moyennes, étouffée sous les cris des démagogues, et le bon sens de ses doctrines politiques honni et conspué par les partis extrêmes. Il avait pu réunir autrefois, du temps de la coalition libérale, les voix des légitimistes purs, des monarchistes constitutionnels et des républicains libéraux. Maintenant qu'ils se disputaient avec âpreté le pouvoir, auquel de ces partis aurait-il payé sa dette ? On peut même aller plus loin, du moment qu'on se laisse entraîner sur la pente du rêve ; on peut se demander si ces nouveaux échecs n'auraient pas ressuscité pour lui des tentations semblables, si le désir affolant d'exercer ses facultés supérieures, si le besoin de satisfaire une ambition toujours en éveil ne l'auraient pas fait succomber à des faiblesses nouvelles. Qui donc oserait affirmer, en présence du passé, que le désir de « manier les hommes » n'aurait point amené encore des compromissions, douloureuses aussi pour tous ses vrais amis, et mis sa main dans celle du Seize-Mai, comme il l'avait mise déjà dans celle du Deux-Décembre? On sait quand les capitulations de conscience commencent, on ne sait jamais quand elles finissent.

Mais laissons ces vains rêves ; redisons plutôt qu'un sort clément l'a couché, là-bas, dans le cercueil, lui épargnant au prix d'une courte agonie les longs mois de torture qu'ont vécu sur le sol de la France tant de millions de malheureux, victimes du régime détesté qu'il avait combattu, puis servi. Ainsi que le disait déjà le poète antique, la mort purifie les âmes et rassérène les cœurs. Grâce à elle, nous pouvons songer aujourd'hui sans amertume, mais non sans une émotion profonde, à ces heures lointaines où ce mort, ressuscité pour un instant par la magie du talent et d'une chaude amitié, fut pour notre jeunesse le représentant acclamé des aspirations et des rêves d'une France future. Nous pouvons nous livrer, en relisant quelques-unes de ses plus belles pages, quelques-unes de ces effusions intimes que M. Gréard nous fait connaître pour la première fois, au mélancolique et doux souvenir d'un passé qui nous faisait entrevoir une patrie, grande, libre et régénérée, et cachait miséricordieusement à nos yeux l'horrible mer Rouge qu'il faudrait traverser un jour, pour aborder, meurtris et brisés, sur les rives nouvelles.

« La vie est un néant, » écrivait Prévost-Paradol en un de ces jours de lassitude qui l'étreignaient si souvent ; peut-être disait-il vrai pour tous ceux qui ne croient point en l'au-delà. Que reste-t-il aujourd'hui de lui, et des siens et de son œuvre? Une dalle funéraire au cimetière de Montparnasse, une image qui va s'effaçant, à mesure que nous suivons nos devanciers dans la tombe, quelques pages éloquentes qui n'auront pas donné, pourtant, la pleine et entière mesure des dons merveilleux de son esprit, et bien loin, sur le sol brûlé de l'antique Egypte, deux femmes, sa sœur et sa fille, qui pleurent un mort chéri dans le cloître étouffant, sous les palmiers de Ramleh.

Original en couleur
NF Z 43-120-8

www.ingramcontent.com/pod-product-compliance
Lightning Source LLC
Chambersburg PA
CBHW060635050426
42451CB00012B/2606